JN410070

효자손

강기재 시조집

교음사

시인의 말

수필을 써 오다 시조창을 배우게 되면서 자연스레 시조의 매력에 빠져들었다. 되돌아보니 어언 여덟 해. 적지 않은 시간이다. 그만한 날을 보냈으면 시조창도 시조 쓰기도 제법 맛깔스러운 풍미가 나올 만도 한데 아직도 초보 단계를 벗어나지 못하고 있으니 어찌하여야 좋을지.

너무 늦게 출발하였기에 어쩔 수 없다고 탓하면서도 손을 떼지 못함은 시조야말로 우리 민족 고유의 정서가 밴 순수하면서도 독특한 우리만의 문학이기 때문이다. 칠백 년의 역사와 함께 우리 몸속에 가장 한국적인 얼이 녹아 흐르는 것이 바로 시조이기에 도무지 손을 놓을 수 없다.

시작이 너무 늦었다는 아쉬움도 있지만 이제 와 누구를 탓하랴. 늦게 배운 도둑이 날 새는 줄 모른다는 말이 있듯 이왕 재미를 붙였으니 쉬지 않고 황소걸음으로 뚜벅뚜벅 걸어가리라.

그간 풋내기 솜씨로 틈틈이 적어 보았던, 작품이라 말하기엔 부끄럽기 그지없는 시조 일흔여 편을 한데 묶어 첫 시조집을 만들어 세상에 내어놓는다. 시인이라면 누구나 하는 일인데도 막바지 더위에 때 아닌 고뿔에 걸리듯 심한 생채기를 앓았다.

본 시조집의 발간을 위하여 창작지원금을 도와주신 이민호 선생님, 추천사를 흔쾌히 써주신 한국시조협회 박헌오 이사장님과 서툰 작품을 아무 흠결 없는 양 호평하여 주신 한국시조협회 김흥열 명예 이사장님께 먼저 감사의 인사를 드립니다. 시조를 더욱 사랑하라는 뜻을 받들어 열심히 쓰고 부르겠습니다.

흩어져 있던 원고를 깔끔하게 정리하여준 통영예총 김혜숙 간사와 편집 및 교정 그리고 출판을 위하여 애쓰신 『수필문학』 강병욱 대표님을 비롯한 관계자 여러분께도 고마움을 전합니다.

2021년 9월

남망산이 보이는 창가에서 저자 강기재

추천사

민족시조의 우렁찬 두드림 소리

– 추암 강기재 시인의 첫 시조집 『효자손』에 붙임

박헌오
(사단법인 한국시조협회 이사장)

충무공 이순신 장군을 '성웅'으로 추앙하는 데는 한국뿐만 아니라 세계의 군사가(軍史家)들이 동감하는 바이며, 충무공 정신이 서려 있는 명작으로 「한산섬 달 밝은 밤」을 손꼽는데 이의가 없을 것이다. 한국시조협회 통영지부는 이 같은 시조의 전통을 충실히 이어가면서 시조창과 시조창작을 동시에 배우고 발전시켜 나가는 모범이 되고 있다. 초대지부장이신 강재일 한국시조협회 부이사장과 2대 강기재 지부장께서 함께 앞장서 통영을 중심으로 남해의 민족시조 벨트를 일궈가고 있음에 먼저 노고를 치하하고 감사를 드린다.

추암(秋岩) 강기재 시인께서 그동안 창작하신 시조 작품을 모아 담은 첫 시조집 『효자손』을 상재하심을 진심으로 축하드린다. 강 시인은 통영 예총 회장을 맡고 있고, 오랫동안 수필가로 활동하면서 다져진 탄탄한 문학적 정서를 바탕으로 시조창작에 몰두하여 2013년 시조시인으로 등단한 이래 좋은 작품을 계속 발표하여 한국시조협회가 제정한 「제1회 현원영 시조문학상」을 수상하신 바 있다.

강 시인의 시조는 전통적인 민속과 투박한 생활상을 시조로 형상화하고, 인생에 대한 성찰과 참선을 통한 자아확립에 정진하여 시적 기반을 확립하고 있으며, 폭넓고 따뜻한 인간관계와 세상의 이치를 달관하는 선비정신을 시조의 모티브로 삼아 실용주의적 시조 세계를 구축해가고 있다. 그리고 분명한 것은 강 시인은 시조에 늦게 입문하였지만 이제 완전히 매료되어 여생을 시조에 바칠 태세로 열성을 다하고 있다는 점이다.

일제 강점기에 민족문화 말살 폭정과 외세 문화의 범람 속에서 민족시조의 명맥을 이어가고자 앞장선 분들의 '시조부흥운동'으로 살아남은 시조가 해방 이후 겨우 30여 명의 시조 시인들이 모여 현대시조 확산에 헌신적으로 앞장섰는데, 이제 시조 인구가 수천 명에 달하고 있다. 시조는 우리 민족 전통의 고유한 문학이요, 가사이기 때문에 한국인이 진정한 시조의 맛을 알게 되면 벗어나는 일이 없다. 혹자는 시조협회에는 연세가 높으신 분들이 많은 것을 탓하기도 하지만 깊이 생각해보면 연세가 높은 분들도 빠져들 수 있는 문학이란 점이 참으로 소중하지 않은가? 이것은 국민문학으로 확산될 수 있는 확신으로 삼을 수 있다. 혹자는 연세 높으신 분들의 시조가 고어풍이 많아서 진부하다고 탓하는 분들도 있다. 그러나 묵은지 맛이 나는 시조의 진가를 제외시키고 국민시조를 논할 수 없다. 물론 푸성귀 맛이 나고 스테이크 맛이 나는 시조의 가치를 폄하하는 것은 아니다. 시조는 전통을 이어 발전하고, 온 국민이 함께하는 문학이기 때문에 다양성을 가진다는 것이다. 추암 강기재 시인은 산 증인이 되어주실 것으로 믿는다.

2021년은 민족문학사에서 두 가지 주목해야 할 변화가 있었다. 첫째는 한국시조협회가 앞장서 노력한 결실로 문학진흥법에 '시조'라는 장르를 등재하게 되었다는 점이며, 둘째는 서울의 인사동 피맛골에서 1,600여 점의 세종대왕시대 금속활자가 발굴되었다는 점이다. 한글이 세계에서 가장 훌륭한 문자가 되고, 한글로 쓴 시조가 이제 세상에서 주목받아야 할 가치 있는 시문학임을 인정받을 계기가 될 것임을 예감할 수 있는 역사적 사건이다. 정말 열심히 시조를 쓰시고 시조 확산을 위해서 노력하시는 통영의 시조 시인들이 외롭지 않고 헛되지 않게 국민시조시대의 주역이 될 것임을 말씀드리고 싶다.

통영에서 강 시조 시인을 비롯한 열성적인 분들이 앞장서 남해의 파도처럼 쉼 없이 울려가는 국민시조 운동의 두드림 소리가 남해를 휘돌아 우렁차게 북상하고 있음에 귀 기울이며, 한국시조협회 통영지부장을 맡으신 추암 강기재 회장님의 첫 시조집 『효자손』 상재에 뜨거운 마음으로 추천의 말씀을 올린다.

| 효자손 |

2. 보릿고개 추억

3. 아침 산책

4. 나목

5. 풍경소리

1

조약돌

봄소식

우체부 아저씨가 편지 한 통 전해준다
설레는 마음으로 얼른 받아 열어보니
수줍은 매화 가지에 봄 향기가 서려 있다

그 누가 보냈는지 발신자도 모르지만
해마다 이맘때면 빼지 않고 전해온다
봄바람 불어올 테니 외출준비 하란다

봄비

하늘이 내려보낸 생명의 젖줄인가
만물은 목축이며 약동의 춤을 추고
대지는 산기를 느껴 몸풀 준비하고 있다

우수*

겨우내 찬 기운이 한풀 꺾여 물러가니
얼었던 계곡물도 노래하며 흘러간다
만물이 소생하려고 기지개를 켜댄다

세상사 힘들어도 노력하며 살다 보면
언젠가는 때가 온다, 풀어질 날 있으리라
겨울이 길다 하여도 모름지기 봄은 온다

*우수(雨水): 24절기의 하나, 입춘과 경칩 사이에 오는 절기
우수에 꽁꽁 얼었던 대동강물이 풀린다는 말이 전해온다.

고찰의 낮 풍경

번뇌의 발길들이 수도 없이 찾아와도
천년을 하루같이 자비로 안아 주는
부처님 드넓은 가슴 바다보다 깊도다

소슬한 바람 한 점 풍경을 스쳐 가니
법당 안 염불소리 향불에 잦아들고
스님도 졸음에 겨운 듯 무아 속에 잠긴다

한낮에 내린 적막 마당에 가득하니
세월 삭인 석등은 낮달을 품어 안고
대웅전 맞배지붕이 하늘 향해 솟는다

고창읍성

방장산 맥이 서린 보릿골에 터울 잡아
남도의 백성들이 힘 모아 성 쌓으니
왜구도 지레 겁먹고 노략질 삼가했다

머리에 돌을 이고 성곽을 밟고 돌면
영험한 기운 받아 무병장수 이뤄지는
여인들 호국 정성이 배어있는 성지로다

충절의 고장이라 송죽은 더 푸르고
조상님 유비무환 슬기도 녹아있는
모양성(牟陽城) 역사 이야기 성벽에 창연하다

효자손

홀아비 아버님과 벗이 되어 함께 자며
등 너머 메마른 밭 시원하게 갈아주니
이 자식 대신하는 손 네가 바로 효자다

밤이면 외로움에 가려움도 더 심한데
등허리 긁는 소리 샘물처럼 시원하니
열 자식 다 소용 없다 네가 바로 효자다

몽돌

억겁의 세월에도 모진 삶 견뎌내고
얽히고 설킨 고통 부대껴도 참아내니
모(角) 없이 살아가는 법을 너에게서 배운다

얼치고 메어치는 어지러운 세상살이
부딪혀 뒹굴어서 몸매도 매끈하고
속마음 곧고도 여물어 믿음직도 하여라

세파에 시달려도 불평 한번 한 적 없고
험준한 시류 따라 밀려오고 밀려가도
옹골찬 네 모습 보며 내일 향해 살리라

부부

전생에 맺은 인연 이 세상에 다시 만나
서로를 신뢰하며 사랑주고 마음 비워
한 방향 바라보면서 먼 길 가야 할 운명

그대는 선택받은 내 인생의 동반자
멀고도 험한 길을 함께 걷는 평생 친구
두 마음 하나로 모아 인생길을 가는 짝

조약돌

영겁의 세월 속에 씻어 다진 반들 한 몸
깨끗한 영혼처럼 순수함이 가득하다
여울에 소곤거리는 네 이야기 듣고 싶다

소나무 가지 끝에 초승달이 기우는 밤
찾아온 고향 바다 반겨주는 고요 안고
파도에 재잘거리는 네 이야기 듣고 싶다

그 섬에 사는 당신

소녀적 피어내던 파란 꿈도 접어두고
도시의 낭만조차 벗어던진 텅 빈 마음
고독을 온몸에 안고 그 섬에 사는 당신

갯내음 젖어 드는 양지바른 등성이에
삼간집 하나 짓고 가슴에 별 안으니
시름도 알아차리듯 바람처럼 사라지네

발아래 부서지는 새하얀 파도 소리
번뇌로 가득했던 마음을 씻어내니
노을 진 수평선 위로 새 삶이 피워난다

세상의 온갖 더러움 걸러내는 바다를 보며
외로움 삭여내며 뜬구름처럼 살아가는
그 섬에 사는 당신이 신선처럼 부럽소

추봉도*

대봉산 망산 정기 골마다 서려 있고
동반령 굽이돌아 바다 품어 터울 잡은
벌바우* 추원 예골에 고부랑개 의좋다

아는가 기해동정(己亥東征)* 추암도의 저 숨결을
전설 가득 바위 등걸 동백꽃 정도 붉고
와다리 암자 가는 길 솔바람도 그만이네

육이오 동족상잔 한 서린 포로수용소
삶의 터전 다시 일구랴 허리띠 졸라 맺지
그 아픔 세월에 묻혀 흔적조차 아련하다

뭍 향한 염원 모아 큰 다리 놓았으니
배 타고 떠난 님은 차를 몰고 오시려나
청파에 몸단장하고 꿈을 그리는 섬이여

*추봉도: 경남 통영시 한산면에 속하는 섬, 6·25전쟁 당시 북한군 포로수용소가 설치되었음.

*벌바우(봉암), 추원(추원), 예골(예곡), 고부랑개(곡용포): 추봉도에 있는 토속적인 4개 마을 이름

*기해동정(己亥東征): 1419년(세종 원년) 삼군도체찰사 이종무 장군이 군선 227척과 군사 1만7천여 명을 이끌고 대마도 성빌에 나선 군사 작전. 당시 추암도(현,추봉도)는 본 작전의 중간 기착지였다고 함.

만지도*

통영바다 저 한편에 만지도란 섬이 있다
뒤늦게 정착하여 만지(晩地)라 불렀건만
본뜻은 내버려 둔 채 만져 달라 조른다

섬과 섬 이어주는 출렁다리 거기 있다
사람의 출렁다리는 만질수록 크다는데
그곳에 놓인 다리는 밟을수록 요동친다

이 보소 날 좀 보소 내 몸 좀 만져주오
스킨십 자주 하면 생기 돈다 하지 않소
유모어 유행 덕분에 더 유명해진 만지도

*만지도: 통영시 산양읍에 속하는 섬. 인근 섬 연대도와 출렁다리로 연결되어 있다.

코로나를 이겨내자

느닷없는 코로나에 온 세상이 시끄럽다
계절이 바뀌어도 물러갈 줄 모르나니
방법은 오로지 하나 예방수칙 잘 지켜야

한때는 모범방역 자화자찬하였건만
한순간 방심하여 모르시기 스며든다
생활 속 거리두기로 확산방지 앞장서자

예전에 경험 못한 국가적 재난으로
민생은 고통이요 나라 곳간 거덜 난다
온 국민 한마음으로 역경을 이겨내자

남대문 1

괴나리봇짐 지고 한양 천 리 들어서면
여보게 어서 오시게 급제하여 돌아가게
출셋길 염원 서렸던 금의환향 등용문

청운의 꿈을 안고 서울 땅에 발 디디며
두 주먹 불끈 쥐고 임을 향해 맹세하면
돈 벌어 고향 가라며 용기 주던 희망문

이 땅의 심장부에 의연하게 서 계신다
육백 년 애환의 세월 함께해 온 임이시여
그 모습 영원하여라 국보 1호 남대문

남대문 2

조국광복 민주 쟁취 한강의 기적 다 보았고
88올림픽 월드컵 4강 IMF에 웃고 울었소
영욕의 우리 역사와 함께해 온 임이시여

임진란 병자호란 육이오도 넘겼는데
설마에 한눈팔아 잿더미로 내려앉을 때
온 국민 가슴 태우며 함께 눈물 흘렸소

아픔을 삭여내고 어엿하게 다시 섰다
당당한 임의 모습 영원토록 보전하리
한민족 영원한 표상 국보 1호 남대문

충렬사 동백나무

충렬사 뜰 안에선
세월 묵은 동백나무
해와 달이 어우러진
명정샘에 뿌리내려
충무공 애국정신을
온누리에 피워낸다

2

보릿고개 추억

바래봉 철쭉

타는 봄 불꽃인가 저 황홀한 색의 향연
임 향한 내 마음도 선혈처럼 붉게 탄다
내 사랑 너처럼 타면 여한 없는 사랑이리

가슴을 파고드는 저 현란한 색의 잔치
어여쁜 임의 얼굴 노을처럼 붉디붉다
내 사랑 불같이 타니 온 천지가 눈부시다

선운사 동백꽃

선운사 동백꽃은 임사랑 핏빛인가
심장을 솟구치는 붉디붉은 저 선혈이
'툭' 하고 고개 떨구니 목탁소리 잦아든다

사바세계 맺은 인연 아직도 덜지 못해
농박새 우는 밤은 뜬눈으로 지새우며
불심에 사연을 녹여 저민 가슴 씻어낸다

도라지꽃을 보며

티없이 맑은 얼굴 백옥 같은 너를 보니
이 세상 먼저 떠난 누이동생 생각난다
새하얀 소복을 입은 어머니가 떠오른다

순백의 고운 자태 백자 같은 너를 보니
고향집 지붕 위에 핀 하얀 박꽃 생각난다
흰머리 참빗에 빗던 할머니가 떠오른다

명절을 기다리는 이유

설 추석 다가오면 보고픈 임 기다리듯
재롱둥이 핏줄들 안아볼 설레임에
내 먼저 아이가 되어 손꼽으며 기다린다

한 핏줄 자손임을 제 먼저 알아채고
성 주시 잃았이도 덥석 안겨 볼 비벼 줄
그날이 며칠 남았나 마음 졸여 헤어본다

한동안 적막했던 집안에 서기(瑞氣) 들고
삼대가 어우르니 사람 사는 맛이 나지
명절이 이리도 좋으니 기다리지 않으리요

어릴 적 까치설날

돌담에 머물던 해 서산마루 기울 때쯤
설장을 보러 갔던 똑딱선이 돌아오면
아이들 선착장으로 우르르 몰려갔지

부모님 장 보퉁이 빼앗듯이 받아들고
설레는 마음으로 그려보던 설빔들
집에 와 풀어놓으니 내 몫은 고무신 한 켤레

자식들 설빔하나 제대로 못 사와도
차례상 제수용품 정성 다해 장만하고
떡 찌고 전도 구우며 설날 맞이 부산했죠

해 지자 뒷간까지 호롱불 걸어놓고
잠자면 눈썹 쇠고 굼벵이도 된다 하여
오는 잠 억지로 참으며 기다렸다 새해를

내 어릴 적 설날 회상

일 년 내내 보리밥도 이날만은 쌀밥이다
이웃집 어른 찾아 공손히 세배드리면
덕담에 용돈도 받아 마음마저 두둑했다

손꼽아 기다린 덕에 새 옷 한 벌 갖춰 입고
다 해진 고무신도 운동화로 갈아 신고
새 신발 자랑삼으며 동네방네 누볐다

연줄에 꿈을 엮어 하늘 높이 날리었고
널뛰기 제기차기에 해 지는 줄 몰랐었지
사라진 미풍양속이 아쉽기만 하구나

주름살 늘어가니 주변 친구 떠나가고
설날이 돌아와도 마음 둘 곳 하나 없네
어릴 적 고향 설날이 그립기만 하구나

설 같지 않은 설날

조상님 기리고자 정성 들여 상 차리고
세뱃돈 마련하여 아이들 기다려도
찾는 이 하나 없으니 더 쓸쓸한 설날 아침

생전에 살던 집이 흔적조차 없어져서
차례상 받으러 오신 조상님도 어리둥절
아파트 비밀번호 몰라 서성일까 두렵다

바쁘다 핑계 대던 자식들은 외국여행
상차림 풍성한데 속은 어이 텅 비는가
설 같지 않은 설날에 나이 한 살만 더 먹는다

장구

양볼을 맞으면서 울음 대신 흥을 내고
더 크게 때리라며 오히려 뺨 내민다
이 한 몸 바스러져서 인간 기쁨 채우리라

일생을 맞고 사는 내 운명이 가엾다만
신명이 솟아나면 모든 사람 감동한다
덩더쿵 장단에 맞춰 양어깨를 들썩인다

동여맨 오랏줄이 더 세게 조일수록
소리는 더욱 깊이 온몸에 저려든다
한 서린 인간 세상사 녹여내는 영물이다

맞고 또 맞는데도 반항한 적 아예 없고
아픔을 우려내어 소리로 승화한다
내 고통 인간을 위해 안으로만 삭인다

보릿고개 추억

속대는 비웠어도 모질기 그지없다
엄동설한 찬 기운이 뼛속까지 여미어도
굳건한 기상 앞세우고 봄이 오길 기다렸지

풋보리 서리하여 모닥불에 그슬리어
입으로 호호 불면 연두 알이 쏟아졌지
차지고 달보드레한 그 맛을 어이 잊으리

십 리 길 외가는 어찌 그리 멀었던지
허기져 기어 넘던 그 고개는 간곳없고
신작로 넓어진 길엔 자동차만 오고 간다

쌀 수확 늘다 보니 버림받은 몸이건만
세상이 변하다 보니 힐링 식품 대접받네
주린 배 설움에 젖던 그 시절이 그립다

빼떼기죽

고구마 썰어 말린 빼떼기를 아시나요
돌같이 여문 조각 무쇠솥에 우려내어
식량이 귀하던 시절 끼니 때운 한 끼 죽

섬에 난 죄이던가 가난이 죄이던가
쌀 서 말도 못 먹고 시집간 누이동생
어머니 아픈 마음을 담아내던 서러운 죽

옛날엔 구황식품 오늘날엔 건강식품
배고파 억지로 넘긴 싫증 나던 그 죽이
이제는 힐링식품 되어 귀한 대접받구나

밀물과 썰물

바닷물이 들고 남은 우주의 섭리이나
우리네 삶 속에도 들물과 날물 있다
세상사 모든 일에도 분명히 때가 있다

물 날 때 개발*하고 물들 때 들에 가라
농사도 바다 일도 제때가 있기 마련
물때를 제대로 알면 지름길이 보인다

밀물과 썰물이 조금 시에 한 몸 되듯
만나고 헤어져도 다시 만날 기회 있다
때맞춰 세상을 살면 기쁜 날도 오리다

*개발: 바닷가에 나가 수산물을 채취하는 일
통영지방 어촌에서 쓰는 말

손수건

이제는 사라져 간 여인이 쓴 사랑편지
헤어질 임을 두고 차마 울지 못하고
글 대신 마음을 새겨 건네받은 증표 한 장

순정이 묻어나는 추억 담긴 사진처럼
떠나온 고향하늘 그리움이 서려 있다
복사꽃 곱게 필 때면 꺼내 보는 증표 한 장

서포루*에 올라 보니

벼락당 오르는 길 구십구 계단 밟고 서니
연지골 홍등가는 자취 없이 사라지고
어부들 노랫소리만 담벼락에 서렸구나

연줄에 꿈을 달던 뚝지먼당이 여기런가
간창골 고갯마루 김약국 딸들은 어디 가고
배수지 담장 벽면에 소설 '토지'가 그려 있네

서피랑 둘레길 돌아 망루에 올라보니
명정골 옛 정취는 갈바람에 쓸려가고
아이들 뛰놀던 골목은 해그림자 쓸쓸하다

*서포루: 통영시가지 중심부에 있는 망루

숭례문 화재 1

무자년 설날 연휴 끝나 가던 그 시각
오천 년 뻗어 내린 민족의 자존심이
일시에 무너져 내린 참담한 심정이여

이 땅의 심장부를 지켜온 임의 은혜
홀대한 죄의 값을 천벌로 내리는가
숭례문 타는 불길에 이 가슴도 타누나

나라의 얼굴에다 겨레의 표상이며
수도 한복판이라 안심하며 지냈는데
설마가 사람 잡았다 무관심이 화 불렀다

숭례문 화재 2

후세에 길이 전할 국보 1호 문화유산
두 눈을 번쩍 뜨고 잿더미로 만들다니
이토록 수치스런 일 세상에 또 있으랴

임진란 병자호란 육이오도 견뎠는데
방화로 잃게 되다니 이 무슨 변란인가
선열님 뵈올 면목이 없어 돌아앉아 울었다

그토록 소중한 줄 진작엔 몰랐었지
민족혼 서려 있는 문화재 깊이 살펴
소 잃고 외양간 고치는 일 다시는 없게 하자

3

아침 산책

입춘

봄아씨 오는 길에 엷은 햇살 마중하니
동장군 겁에 질려 소리 없이 물러나고
매화는 수줍음 타며 맑은 향을 뿌린다

사방엔 엄동설한 추위 아직 남았는데
어미닭 알을 품어 양지에 졸음 겹고
대지는 언 땅 녹이며 희망 싹을 틔운다

빈집에 봄이 오다

응달진 산기슭에 버려진 빈집 하나
살얼음 녹아드니 제비 와서 둥지 틀고
까치도 손님 온다며 떠난 주인 부른다

사립 앞 남새 텃밭 봄갈이를 기다려도
녹슬은 호미 괭이 잡는 이 하나 없네
빈집에 봄은 오건만 주인 없어 애달프다

가신 님 영전에

한 생을 살아내려 모진 고생하였도다
술 한잔 올리면서 작별인사 고하노니
편안히 가시옵소서 부디 영면하소서

저세상 가시는 님 꽃길 열어 드리리다
다시는 고통 없는 영원한 안식처에서
평안을 누리옵소서 영생불멸하소서

세월을 태우던 님

– 설엽(雪葉)* 서우승 시조 시인 영전에

저승이 그리 좋아 서둘러 떠나셨나
이승이 하도 싫어 급히 하직하셨는가
봄비에 복사꽃 지듯
소리 없이 떠난 님

술 한잔 마주하면 세상은 모두 내 것
부러울 게 뭐 있나 갈 때는 어차피 빈손
청빈(淸貧)에 낙도(樂道) 하는 법을
가르치고 떠난 님

진달래꽃 너덜 속에 소풍을 노니시고
심부름 까마득 잊고 세월을 태우시다
실바람 하늘거림에
넋을 잃고 떠난 님

*설엽(雪葉) 서우승(徐愚勝): 경남 통영 출신 시조 시인
(1946~2008. 3)

설엽을 그리며

–설엽 서우승 시조 시인 서거 십 주년에

무자년 사월 초일 이 세상 하직하던 날
그대의 영전에 조사를 바치면서
술 한 잔 따라 올리며 저승길을 안내하였소

가신님 그리움에 강산도 변한 세월
야소골 산등성이 진달래 더욱 붉어
꽃잎 따 빚은 이 술을 언제 함께 마시리

걸쭉한 넉살담에 시름도 날렸으니
안주는 없었어도 술맛은 절로 났다
어느새 그때가 벌써 십 년 넘게 지났네

열 번째 봄이 와도 다시 오지 않으시니
미래사 심부름 길 까마득 잊은 듯이
이 몸도 그 언젠가는 그대 곁에 가리다

실연의 아픔을 안고

아련히 봄소식이 파도에 실려 올 때
여린 손 잡아끌던 나비 왕자 사라지니
상처는 여운이 깊어 머릿속을 요동친다

뜬구름 기약 없는 허공을 바라보며
눈물에 흘려 보낸 반백의 세월이여
검게 탄 그대 마음을 씻을 날은 언제일까

잎새가 윤을 내는 계절이 돌아오면
단꿈에 젖어 들던 그 사연이 되살아나
족쇄에 운명을 걸고 사랑 노래 부른다

쇠창살 틈새 내린 조각난 하늘 안고
가슴에 박힌 멍울 일평생 한이런가
인간사 못내 그리워 밤새우는 여인아

정신병동의 면회

가슴에 아린 상처 머리에 받쳐 이고
무기수 죄인 되어 고희(古稀) 넘겨 살아있는
끈질긴 생명의 연줄 나의 둘째 여동생

소녀적 총명함은 아지랑이 꿈이런가
한순간 받은 충격 되돌리지 못한 원죄
창살 틈 파란 하늘이 서러움을 더 한다

형제 정 끊지 못해 또 찾아간 면회자리
끝없이 쏟아내는 한 맺힌 넋두리에
답답한 가슴만 안고 돌아서는 이 발길

어머니 가실 제에

정신병 심히 앓는 막내딸 남겨두고
이 세상 떠나려니 차마 눈 못 감으시고
네 동생 잘 돌보라며 무언의 유언 남기시다

보리밥 삶은 물을 젖 대신 먹고 자란 누이
몹쓸 병 앓는 날 두고 먼저 가면 어쩌냐며
눈물샘 말라붙은 채 불러대던 옴마 옴마

한 서린 세상살이 속앓이로 지새우다
그 많은 아픈 상처 허공에 묻으시고
한 떨기 동백꽃 지듯 고개를 떨구셨다

낙엽

한 시절 화려함이 구름처럼 흘러가니
메마른 살점 되어 바람 따라 흩어진다
짓밟혀 바스러져도 새 움틀 날 있으리라

입동

나뭇잎 찬바람에 흩날리는 때가 되니
만물이 숨죽이며 겨울 채비 마련하여
명년 봄 새 삶을 위해 재충전에 들어가네

피었다 지는 것이 어디 화초뿐이런가
인생도 계절처럼 피고 지는 삶의 연속
자신을 담금질하여 오는 겨울 이겨내자

코로나 팬데믹

인간의 자연파괴 너무함을 보다 못해
신령님 화가 나서 무연화약 퍼뜨리니
이 세상 모든 사람들 입을 막고 허우댄다

근본을 무시하고 함부로 손을 쓰면
인재는 물론이요 자연 재앙 불러온다
너희도 당해 보라며 앙갚음을 해온다

아침 산책

오늘도 동녘 해가 뜨기 전에 눈을 뜬다
아무리 날 궂어도 단 하루도 안 빠진다
내 건강 지키기 위해 십 리 길을 걷는다

날이 새면 몸이 알아 저절로 일어난다
하루의 첫 출발을 산책으로 시작한다
건강이 눈에 보인다 발걸음이 즐겁다

독도는 대한민국 땅

동해를 지켜내는 늠름한 기상의 섬
일본이 제아무리 억지 부려 우겨대도
역사는 속일 수 없다 대한민국 땅임을

신라 장군 이사부는 우산국을 통일하고
조선 어부 안용복은 독도 인증 받아냈다
아무리 떼쓴다 해도 일본 땅이 될 수 없다

교과서 왜곡하여 거짓 역사 가르쳐도
한국인 임의 사랑 불꽃 되어 타오른다
독도는 대한민국 땅 영원불멸 영토이다

아아! 천안함 1

서해를 지키려는 막중 임무 수행하다
비 접속 철퇴 한 방에 두 동강이 잘리면서
함수는 뒤집어지고 함미는 침몰하다

날벼락 폭발음이 밤바다를 뒤집는 순간
산사는 쉰여덟에 죽은 자는 마흔여섯
이 무슨 얄궂은 운명인가 생과 사로 갈리다니

수병은 귀환하라 준엄히 명령하고
내 아들 꼭 살아오라 땅을 치며 불렀건만
싸늘한 시신이 되어 마흔 명만 돌아왔다

태극기 안장 덮고 뭍에 오른 용사들도
차디찬 물길 속을 헤매 도는 여섯 혼령도
서해의 수호신 되어 부디 영면하소서

아아! 천안함 2

반으로 잘린 몸통 서로 찾아 헤맨 고통
물 위에 뜨고 보니 복부는 만신창이
찢어진 살점 모두 찾아 다시 한 몸 이뤄야지

서해에 스러져 간 꽃다운 젊은 생명
피 끓는 나라 사랑 안타까운 청춘이여
임들이 토한 절규를 역사는 기억하리

아깝고 귀한 목숨 앗아간 자 누구인가
만행을 저지른 자 반드시 밝혀내어
그 죗값 크게 받을 날 부디 있게 하리라

바다에 혼을 바친 마흔여섯 해군 용사
조국은 그대들을 영원히 잊지 못해
오늘도 겨레의 군함 천안함을 불러본다

4

나목

위대한 박경리

명정 샘 정화수에 새벽 정기 피워내고
충렬사 대숲 바람 임의 기개 돋우어서
펜 하나 붙들어 쥐고 이 세상을 사신 분

풍진의 한 시대를 한으로 삭여내고
글밭에 쏟은 눈물 원고지를 적시면서
서릿발 세상을 살며 홀로 외길 걸으시고

가부좌 사반세기 육신은 스러져도
불타는 임의 가슴 대지를 흔들면서
대 역작 소설 토지에 민족혼을 그리신 분

흙으로 돌아가선 고향땅에 둥지 틀고
대지의 어머니로 모든 생명 아우르는
위대한 불멸의 작가 박경리는 빛나리

매창(梅窓)공원에서

조선의 삼대가인 매창 묘지 앞에 서니
임 그린 애틋함이 구구절절 서려 있고
다정도 병환이런가 잠 못 들어 하도다

소매 깃 부여잡고 울며 이별하던 날
배꽃은 빗물 되어 온몸을 적시었고
거문고 슬픈 가락에 애간장을 태웠소

세인에 시달려도 절개 끝내 지킨 명기
오롯이 솟아오른 봉분을 쓰다듬고
술 한 잔 부어 올리며 임의 넋을 기리도다

서해에 이는 바람 솔향으로 피어나고
학처럼 고고한 사랑 시가 되어 흐르나니
순백의 날개를 펴고 우러러 높이 뜬다

김영랑 시인을 회상하며

단발령 신사참배 창씨개명도 거부하고
일제의 민족탄압 애국으로 지켜내며
우리말 아름다움을 온 누리에 펴내다

기우는 초승달을 사랑채에 맞이하며
순수한 서정시를 이 땅에 뿌렸으니
그 씨앗 알차게 자라 시의 꽃이 만발하다

북 치고 노래하며 우리 가락 즐기시고
이슬처럼 영롱한 시상을 다듬어서
때 묻은 인간 심성을 곱게도 씻어준다

자연의 조화로움 혜안으로 깊이 갈고
향토색 짙은 사투리도 정겹고 구수하다
'모란이 피기까지'는 두고두고 읽히리라

다산초당

솔바람 등에 업고 다산초당 올라가면
세월은 이끼 되어 기왓장에 앉아 있고
학동들 글 읽는 소리 풀꽃으로 피어 있다

유배지 숲속 초당을 수련의 도장 삼아
갈고닦은 지식을 수백 권의 책에 녹여
청렴한 선비정신을 천년 두고 우려낸다

시성(詩聖)도 길러내고 다성(茶聖)도 길러내고
목민관이 가야 할 길 제대로 가르친 곳
고매한 다산의 학덕 만덕산에 가득하다

늘샘 탁상수* 선생을 기리며

통영의 근대 시인 늘샘 선생을 아시나요
억눌린 삶 속에서 학문에 정진하여
진보적 선지식인으로 항일사상 고취하고

한민족 고유문학 시조를 사랑하여
정형을 지키면서 주옥같은 작품 쓰며
최초의 문학동인지 『참새』 편집 주도했다

암울한 세상사를 시문으로 엮어내고
불안한 시대상을 한으로 달래고자
거문고 가락을 타며 시창(時唱) 즐겨 부르시고

변방의 시인이나 중앙지에 이름 내고
지역에 시조문학 뿌리내린 선구자로
통영의 근대 문인으로 영원토록 기억하리

*늘샘 탁상수(卓相洙): 경남 통영 출신 시조 시인(1896. 9~1943. 3) 통영에서 일제 저항 시민운동에 앞장섰으며 1925년~1935년 왕성한 시조 창작활동을 하였으며 시문학 동인지 『참새』의 편집을 주도하다.

백두산 천지를 보며

백두에서 한라까지 한민족 영토인데
어이해 북한 땅은 밟지를 못하고서
수만 리 이국땅 돌아 올라야만 하는지

백산의 정기 품은 민족의 영산이여
그토록 그리워한 산징에 오르고서
장엄한 천지를 보며 남북통일을 빌었소

백 번을 오르고도 운 좋아야 본다는 천지
단 한 번 걸음으로 무지개도 보았으니
신령님 굽어살핀 정 헤아리며 살리라

백의민족 혼이 서린 겨레의 명산이여
꿈결에 보아 오던 임의 얼굴 천지를 보니
산 보람 오늘에 있어 이 감격을 누리네

압록강에서

압록강 푸른 물은 천지에 뿌리 두고
녹색의 산과 들을 평화로이 적시는데
강 건너 군인초소엔 긴장감만 감돈다

자유가 감금당한 갈 수 없는 북녘땅은
한여름 들판에도 냉기가 서리는 듯
압박에 사는 동포들 배고픔이 선하다

분단으로 이어져 온 칠십 년 세월이여
남북이 자유로이 오고 갈 날 언제인가
강이여 말을 해다오 남북통일 그날을

배흘림기둥을 안고서

봉황산 부석사를 예 듣고 이제 와 보니
태백의 정기 품은 불국정토가 여기로다
무량수 극락세계로 중생을 인도하네

허리춤 고운 자태 배흘림을 안고 보니
소백의 준령들이 구름 위에 춤을 춘다
인생길 백팔번뇌를 청풍이 씻어간다

부석에 아로새긴 선묘낭자 사랑이여
천년의 세월에도 의연한 임의 자태
의상의 화엄법계를 온 누리에 내리소서

통일전망대에서

휴전선 사이 두고 남북으로 갈린 산하
녹슬은 철조망에 원한 서린 영혼이여
분단된 서러운 조국 하나 될 날 언제인가

새들은 자유롭게 남북으로 오가는데
나는야 어이하여 북녘땅을 못 밟는가
금강산 눈앞에 두고 이 발길을 되돌린다

나목

자신을 시험하는 고통을 이겨내려
철따라 갈아입던 고운 옷 훌훌 벗고
매서운 찬바람 앞에 맨몸으로 나서다

지난날 한 시절도 꿈결인 듯 지우고서
자연의 섭리 따라 비움도 실천하여
임 마중 새봄 그리며 시린 가슴 녹인다

잡초

아무리 짓밟혀도 숨죽이며 살아있다
뽑고 또 뽑아내도 보란 듯이 돋아난다
세상에 끈질긴 목숨 너만 한 게 없구나

온몸이 잘리어도 상처 여며 되살아나
척박한 환경에도 불만 없이 터를 잡고
희망의 싹을 피우며 버텨내는 저 생명력

한산섬

망산봉 얼을 받아 자태도 빼어나고
해안선 굽이돌아 포구도 정겨우며
대 이어 사는 사람들 인심도 후덕하다

임진년 대 승첩을 학익진 쳐 이룩하고
최초로 삼도수군 통제영이 설치된 곳
승전고 울리던 함성 오늘도 들려온다

충무공 우국충정 발길마다 서려 있고
군영을 도운설화 마을마다 이름 새겨
애국혼 길이 간직한 유서 깊은 역사의 섬

사시 철 푸른 송백 이 고장의 충절이요
대첩비 거북등대 저 늠름한 기상 보며
굳건한 개척정신을 이어가는 희망의 섬

한산대첩교를 염원하며

–한산일주도로 완전개통식에 붙여

임진년 칠월 팔일
그날의 함성이 들리는가!
청사에 길이 빛날
대 승첩 이룩하여
바람 앞 등불 같았던
나라 구한 바다 드리운 곳

우뚝 선 망산
정기 뻗은 기슭마다
장군의 얼 살아 숨쉬고
산모롱이 돌고 돌아
비단 물 씻어 이어진
포구도 아름다워라

임란의 애환이
마을마다 서려 있고

최초로 삼도수군
통제영이 설치된 곳
여기가 바로 구국의 성지
바다의 땅 한산도

애가 탄 일주도로
착공한 지 그 언제던가
자동차 타고 돌면
삼사십 분 남짓 거리
하지만 완전개통에
사십여 년이 걸렸다

산허리 고개 돌아
어머니 따라 외가 가던 길
산새도 노래하며
반겨주던 그 오솔길이

오늘은 훤히 뚫렸으니
시원하게 달려보자

눈앞에 보이는 육지
십 리도 채 아니 된다
구호에 그쳐온 공약
더 이상 기대지 말고
한마음 한목소리로
연륙교 소망 밀고 가자

뭍으로 향한 염원
꿈엔들 잊으리오
육지와 이어질 날
하루라도 당기려는
마지막 바람은 오직 하나
이제는 한산대첩교다

통영찬가 1

남망산 푸른 송백 드나는 배 인사하고
삼백 리 한려수도 비단 물결 출렁이는
그 이름 동양의 나폴리 미항 통영이로다

세병관 우람함은 대양 향한 기상이요
명품제조 십이 공방 예향의 맥을 잇고
삼백 년 통제영 문화 살아 숨 쉬는 고장이다

질펀한 어시장은 활기찬 삶의 현장
소란스런 흥정에도 인정미 넘쳐나고
철따라 감칠맛 나는 해산물의 보고로다

동백꽃 붉은 정열 수평선을 물들이고
옥수에 몸을 씻는 섬들이 손짓하는
사계절 힐링의 고장 바다의 땅 통영이여

통영찬가 2

미륵산 여황산*이 마주보며 손짓하고
윤슬에 반짝이는 아름다운 섬과 해안
드넓은 푸른 바다는 넉넉한 삶의 터전

임진년 왜군 침략 학익진 쳐 대승하고
육이오 전쟁시엔 해병대가 승리한 곳
바람 앞 등불 같았던 나라 구한 성지로다

동피랑* 벽화마을 웃음꽃 만발하고
서피랑* 피아노 계단 음향도 감미로운
문화와 예술의 향기 짙게 배인 고장이다

걸출한 예술인들 수도 없이 배출하고
후예들 기를 받아 대를 이어 부흥하니
고품격 살고픈 도시 예향 통영이로다

*미륵산 여황산; 통영의 안산과 주산

*동피랑 서피랑; 통영 시내에 있는 벼랑으로 된 동산

5

풍경소리

세월

해맞이 출발할 땐 아주 멀리 보이더니
뛰지도 않았는데 또 한 해가 훌쩍 간다
붙잡고 통사정해도 뿌리치고 떠나가네

구름도 아니면서 바람도 아니면서
아무도 몰래 와선 어서 가자 재촉한다
매달려 꼭 붙잡아도 무정하게 떠나가네

인생길

이 세상 태어나서 저세상에 이르는 길
왕복이 없는 외길 한 번 가면 못 오는 길
결승점 보이지 않아도 애써 달려가야 할 길

단 한 번 가야 하니 쉬이 가면 안 되는 길
인생은 가시밭길 넘어야 할 고갯길
헤치고 뛰어넘으며 최선 다해 가야 할 길

폐어선

지난날 나도 한때 잘 나간 날 많았다오
만선의 꿈을 싣고 한 바다를 누볐다오
이제는 세월을 못 이겨 갯벌 위에 쉰다오

내 평생 어부 위해 머슴같이 일했다오
만선의 깃발 위로 갈매기 떼 춤췄다오
이제는 버린 몸 되어 속울음을 운다오

늙은 호박의 푸념

하찮은 꽃이라며 거들떠도 안 보다가
뙤약볕 달구어서 농익은 몸매 되니
모두가 부러워하며 갖고 싶어 안달이네

노랗게 꽃 필 때는 눈길 한번 안 주더니
누렇게 익고 나니 너나없이 탐을 낸다
온몸을 쓰다듬으며 안아보고 싶어하네

호박꽃도 꽃이 나며 핀잔주던 사람들아
세상일 모르오니 미리 예단하지 마오
속단은 금물이란 걸 되새기며 살아야지

철없는 사람들

싱싱한 과일들이 철도 없이 쏟아진다
누구나 쉽게 구해 먹게 되어 좋다마는
그 과일 먹은 탓인지 사람들도 철이 없네

여보게 요즘 세상 철든 사람 어디 봤소
모두가 잘났다며 자기 자랑 일색이다
과일이 철없다 하여 사람조차 없어서야

여백

가득 차 넘쳐 남은 모자람만 못하느니
세상사 온갖 욕망 채우려만 하지 마오
비우고 내려놓으면 행복 찾아오리다

풍경소리

허공을 스쳐 가는
소리 없는 바람에도

한줄기 사무치는
그리움을 울고 있다

못다 한 사랑이기에
더욱 가슴 시리다

운주사 와불

가사 한 벌 걸치고 누워서 천년 세월
세상사 흥망성쇠 번뇌도 녹여내며
미완성 사연을 품고 불심으로 지샌다

낮이면 찾아온 발길 합장하여 맞이하고
밤이면 별과 함께 미륵 세계 염원하며
언젠가 일어서게 될 그날을 기다린다

영겁을 하루같이 오로지 그 자리에
천불 천탑 기도 도량 지켜온 은덕이여
운주사 와불님 한 쌍 내 마음속 임이로다

수련화

구정물 마다않고 터울 잡아 발 내리고
풍진에 얼룩진 삶 이슬에 씻어내는
학처럼
고고한 자태
합장하여 섬긴다

건강

재물을 잃게 되면 조금 잃는 것이 되고
명예를 잃게 되면 많이 잃는 것이 되나
건강을 잃어버리면 모든 것을 다 잃는다

아무리 백세시대 세상이라 말하지만
병들어 오래 살면 사는 재미 뭐 있으랴
건강한 노후의 삶이 인생 최고 행복이다

내 몸은 종합병원

내 몸은 종합병원 못 고치는 병이 없다
디스크 복막염에 치질과 중이염도
전립선 비대증세에 장폐색도 고쳐냈다.

내 몸은 종합병원 수술이 전문이다
간암에 방광암에 위암도 수술했다
열 번을 수술 받고도 후유증 거의 없다

내 몸은 종합병원 모든 병 수용한다
의술도 좋은 데다 정신력도 강인하다
그 어떤 큰 병이 와도 거뜬하게 이겨 낸다

내 몸은 종합병원 병과 함께 살아간다
이 만큼 살았음도 신의 축복 아니런가
생명이 다하는 날까지 동무하며 살리라

희수(喜壽)를 맞으며

뒤돌아 바라보니 걸어온 길 아득하다
얼굴엔 주근깨가 반죽 되어 가득하고
머리는 계절 없이 흰 눈 내려 하얗다

세상사 온갖 시름 다 겪으며 살다 보니
어느새 세월 흘러 희수를 맞이했네
끈질긴 생명의 은혜 누리며 사는 이 행복

하루가 무엇보다 소중함을 알았으니
나머지 사는 날은 함께하며 살으리라
이 세상 끝날 때까지 주변 돌아보리라

시조창을 부르는 재미

내 인생 후반기에 새 취미를 갖게 됐다
옛 선비 즐겨 부른 시조창에 푹 빠졌다
우리말 우리 가락이 이렇게도 좋을시고

시조창 부르다 보면 어느새 정신 맑고
인간사 온갖 시름 모름지기 사라진다
우리 얼 지키는 노래 너도 함께 불러보자

순수한 우리 문화 뿌리내릴 사명 안고
옛 선비 풍류 멋을 머릿속에 그리면서
오늘도 즐겨 부른다, 하루 삶이 즐겁다

세 가지 '금'

인간이 생활하는 데 필요한 것이 '황금'이요
사람이 살아가는 데 '소금'은 꼭 먹어야 한다
또 하나 소중한 것은 오늘 바로 '지금'이다

내로남불

걸 다르고 속 다른 위정자 양반들아
들 농사 내보다도 남이 먼저 안다는데
제 허물 속에 감추고 똑똑한 체하지 마라

내가 하면 로맨스요 남이 하면 불륜이라
제 앞도 못 가리면서 깨끗한 척하지 마라
수신(修身)에 제가(齊家)부터 하고 국민 앞에 나서라

시평

미항(美港)의 노래

김흥열
(시조 시인, 한국시조협회 명예이사장)

Ⅰ.

현대를 살아가는 우리는 지금 느닷없는 거센 풍랑을 만나 이 어려운 시국을 벗어나려고 온 지혜를 나모으고 있다. 우선시 되는 경제적 논리와 정보화로 기존의 가치관이 무너지고 있으며 엎친 데 덮친 격으로 '코로나'라는 복병이 나타나 처참할 정도로 인간사회를 파괴하고 있어도 속수무책(束手無策)인 요즘이다. 비대면 사회생활을 강요당해 이웃 간은 물론이고 심지어 가족까지도 이산의 아픔을 안고 살아야 하는 갈등 속에서 우울한 나날이 지나가고 있다.

이 분야에 세계적 전문가들은 코로나의 눈치를 보며 어쩌면 평생을 같이 살아가야 할지도 모른다는 우울한 전망을 내놓아서 우리를 더욱 슬프게 만들고 있다.

그러나 인간의 지혜는 어떤 난관이 닥쳐도 이를 극복하는 기회를 반드시 만들어 낼 것이라는 희망의 끈을 놓아서는 안 되며, 이에 우리 시인들은 글로서 모든 이에게 마음의 평화와 행복을 주는 봉사자의 역할을 기꺼이 떠맡아야 한다고 생각한다.

이런 시기에 단비 같은 추암(秋岩) 시인의 글을 접하고 마음에 큰 위안을 받는다.

시조집 『효자손』 상재를 진심으로 축하드리며 많은 이에게 기쁨과 행복, 희망을 주는 메신저가 될 것이라는 확신을 갖는다.

추암 시인은 통영에서 태어나 통영의 바람과 통영의 바다 냄새와 함께 성장해 온 분으로, 이미 오래전부터 통영의 문학발전을 위해 헌신해 오신 것으로 알고 있다. 현재 한국예총통영지부장을 맡는 등 여러 문학단체에서 왕성한 활동을 하고 있는 문학사랑인으로 지역 문화예술의 발전을 위해 그 선봉에서 고군분투(孤軍奮鬪)하고 계신 분으로 알고 있다. 또 (사)한국시조협회 통영지부장으로 협회의 발전을 위해 남다른 희생정신으로 타 지부의 모범이 되고 있음은 그 열정과 시조 사랑이 얼마나 대단한지를 보여주는 하나의 증표가 된다고 본다. 시인의 작품을 일독(一讀)하면서 느낀 점은 서정성이 짙게 배어 있어 읽을수록 정(情)이 우러나는 맛을 느끼게 한다는 점과 시조의 정체성(正體性)이 분명히 드러나 있다는 점이다

예술은 "아름다움을 표현하고 창조하는 일에 목적을 두고 작품을 제작하는 인간의 활동과 그 산물을 통틀어 이르는 말"이라는 것이 사전적 의미이다. 이 예술의 창작은 '자유'를 전제로 한다고 볼 수 있다. 자유로운 창작활동을 통하여 순수한 인간 내면의 세계를 심화시킴으로써 예술은 더욱 진보하고 발전하는 것이라 본다.

그러나 현대 사회는 이런 예술의 본성과는 다르게 쾌락과 상품주의에 빠져있는 것도 부인할 수 없다. 더구나 IT산업의 발전으로 얼굴을 마주보며 정(情)을 전달하기보다는 이익의 창출이 최고의 미덕으로 여겨져 재택근무를 강요하거나 구성원 스스로 이 길을 선택함으로써 인간의 감정(感情)은 말라버린 꽃대처럼 삭막하기만 한 요즈음이다.

시(詩)는 우리의 가슴에 살아 숨 쉬는 노래이다. 시조는 더욱 그렇다. 시조의 태생이 노래와 한 몸이었다는 것은 이를 입증한다. 내면의 아름다운 정서적 세계가 입 밖으로 나올 때 우리는 흥얼거리며 행복해한다. 이것이 시조의 본질이다. 시조는 시절가(時節歌)에서 나온 말이다. 절(節) 자(字)에는 '풍류가락'이라는 의미가 있고 시조(時調)라는 말은 이미 오래전부터 음악용어로 사용되어 오고 있었다.

시는 그 사람의 영혼이며 향기이다. 추암 시인의 전통적이며 보수적인 소담한 노래는 아주 자연스럽다. 요즘 시조 작품을 창작하는 시조 시인들은 파탈(擺脫)을 통하여 자신을 드러내려는 경향이 허다함에 비추어 볼 때 추암(秋岩) 시인은 전통을 고수하는 보수적 시각으로 작품을 역어내고 있다. 보수적 시각이라는 말은 시조의 정체성을 하나같이 잘 지켜 일탈(逸脫)하지 않는다는 말이다. 우리 협회의 창립 정신인 "정형시조"만 창작한다는 말이 된다. 특히 시조의 특징인 장과 구의 의미적 짜임새가 아주 견고함은 매우 돋보이는 장점이다.

근자에 보면 자유시를 흉내 내거나 시인의 개성만을 중시하여 어색한 작품을 생산하는 분도 종종 보인다. 시조는 시조 고유의 미를 파괴해서는 안 되는데 시조 고유의 미(美)란 자유시에서 갖지 못한 아름다운 특징, 즉 외형적인 형식과 문장의 구조, 특히 종장에서 화자의 감정처리가 절정을 이루어야 한다는 점이다. 이것이 시조의 예술성이다. 추암 시인의 작품은 어느 하나 이런 시조의 미(美)를 파괴한 것이 없다.

시인은 일상어로 말하지 않고 시어(詩語)로 말한다고 한다. 즉, 시인이 어떤 사물(시적 대상)을 보고 인식하는 과정에서 사전적 의미와 다른 의미를 찾아내는 것은 분명 시인의 몫이라는 얘기인데, 추암 시인은 형식이라는 제약의 미를 살려내면서 시어로 말하기 때문에 감정 전달이 잘 되어 독자로 하여금 기쁨을 느끼게 하는 행복의 전도사라고 할 만하다. 이제 아름다운 바다 통영을 유람하면서 추암 시인의 노래에 빠져 보려고 한다.

Ⅱ.

우체부 아저씨가 편지 한 통 전해준다
설레는 마음으로 얼른 받아 열어보니
수줍은 매화 가지에 봄 향기가 서려 있다

그 누가 보냈는지 발신자도 모르지만
해마다 이맘때면 빼지 않고 전해온다
봄바람 불어올 테니 외출준비 하란다

「봄소식」 전문

이 작품은 상상력이 뛰어난 작품이다. 화자가 말하는 '우체부'는 봄의 전령이다. 원 관념은 '봄의 전령' 또는 '봄기운'이고 '우체부'는 보조관념이다. 매화 가지에 물이 오르는 모습을 봄 향기가 서려 있다고 표현하고 있다.

화자가 이 작품을 쓰게 된 동기는 무엇일까? 즉 시적 대상은 무엇이었을까를 생각해 보면 아마도 푸른빛을 띠기 시작한 매화를 보면서 봄이 오는 것을 직감적으로 알았을 것이고, 매화는 계절의 변화를 사람보다 더 잘 읽어 내고 있다는 점을 서정적으로 표현하고 싶었을 것이다. 그래서 둘째 수 중장에서 해마다 전해온다고 말하고 있다.

발신이 없는 편지를 받고 매화는 화자에게 봄나들이를 권하는 것이라 느낀다. 시인은 이처럼 바람과도 대화를 하고 매화나무 한 그루와도 말을 나눌 수 있는 능력자이다.

겨우내 찬 기운이 한풀 꺾여 물러가니
얼었던 계곡물도 노래하며 흘러간다
만물이 소생하려고 기지개를 켜댄다

세상사 힘들어도 노력하며 살다 보면
언젠가는 때가 온다, 풀어질 날 있으리라
겨울이 길다 하여도 모름지기 봄은 온다

「우수」 전문

둘째 수는 화자가 말하고 싶은 요점이다. 혹독한 추위로 한층 얼어붙어 있던 인간의 삶 이야기이다. 자연의 섭리는 오묘해서 봄이 오면 만물이 소생한다. 마찬가지로 우리의 삶도 이런 자연의 이치를 벗어날 수는 없다는 것을 시인은 잘 알고 있다.

세상사가 힘들어 지치고 때로는 황량한 겨울 한복판에 서 있는 느낌을 받겠지만 기어코 봄은 다시 오듯이, 어려운 지경도 반드시 벗어날 때가 온다는 용기와 희망을 주는 작품이다. 시인의 역할은 세상에 희망의 메시지를 전달해 주는 행복 전도사의 역할이다.

홀아비 아버님과 벗이 되어 함께 자며
등 너머 메마른 밭 시원하게 갈아주니
이 자식 대신하는 손 네가 바로 효자다

밤이면 외로움에 가려움도 더 심한데

등허리 긁는 소리 샘물처럼 시원하니
열 자식 다 필요 없다, 네가 바로 효자다

「효자손」 전문

이미 서구사회는 핵가족화된 지 오래이나 우리는 전통적 윤리관이나 도덕성을 중시하여 충과 효를 매우 중요시하므로 아직도 그 가치를 소중히 여기며 산다.

그러나 21세기로 접어들면서 그 가치관이 무너지기 시작했다. 국가의 살림은 넉넉해졌으나 개인의 주머니 사정은 더욱 빡빡해지고 핵가족이 생겨나기 시작하더니 근자에 와서는 부모 자식 간의 정이 경제적 논리에 의해 밀려나 옛날과 같은 전통적 윤리관은 소멸되어 가는 현상이 심화되는 과정에 있다. 여기에 수명의 연장으로 고령화 사회가 되고 부모 역시 자식과 함께 살기보다는 따로 살기를 원하는 사고의 전환이 생기기 시작했다.

자식들 역시 따로 사는 것이 당연한 것처럼 여기며 산다. 그러나 부모는 늘 자식이 그립고 걱정이다. 이에 화자는 "효자손"을 자식 못지않은 효심을 발휘해주는 대상으로 자신의 분신처럼 생각하며 자기 대신 부모의 등을 긁어주는 "효자손"에게 감사한 마음을 지니고 있다. 시적인 맛을 더하려 화자는 '홀아비 아버님'이라는 표현으로 그 상황을 더욱 극대화시키고 있다.

첫 수와 둘째 수 모두 종장 후구를 "네가 바로 효자다."처럼 각운을 두고 마감을 한 것도 돋보이는 시조 율격이다.

억겁의 세월에도 모진 삶 견뎌내고
얽히고 설킨 고통 부대껴도 참아내니
모(角) 없이 살아가는 법을 너에게서 배운다

얼치고 메어치는 어지러운 세상살이
부딪혀 뒹굴어서 몸매도 매끈하고
속마음 곧고도 여물어 믿음직도 하여라

세파에 시달려도 불평 한번 한 적 없고
험준한 시류 따라 밀려오고 밀려가도
옹골찬 네 모습 보며 내일 향해 살리라

「몽돌」 전문

이 작품 역시 독자에게 던지는 메시지가 있는 작품이다. 첫 수에서 '모 없이 살아가는 법'처럼 하여 마치 생명이 없는 돌멩이가 살아있는 생명체처럼 활유법을 도입한 것도 뛰어난 솜씨다. 우리네 삶도 수없이 부딪치며 살아간다. 얽히고설킨 인연 때문이다. 여기서 화자의 깊은 고뇌를 엿볼 수 있고 인내하면 둘째 수처럼 많은 이들의 신뢰와 사랑을 받는 법임을 깨닫게 된다. 화자의 심오한 철학적 인생관을 보여주는 대목이다.

첫 수 중장에서 '얽히고 설킨 고통 부대껴도 참아내니'의 음수를 3.4.4.4로 본 것은 아마 착각인 듯하다. 전통적 고시조의 관점으로 본다면 잘못은 없다. 예를 들면,

"아이야 고국 흥망을 물어 무삼 하리오."의 음수를 보면 3.5.4.3으로 하고 있다.

현대적 문법으로 본다면 후구의 '무삼하리오'는 음절수가 5이다.

그러나 안확은 「時調詩와 西洋詩」(문장 2권 1호 1940년 1월 1일 발행)를 평(評)하면서 律調에 관하여 다음과 같이 말하고 있다.

"시는 산문과 다르게 운율을 중시하므로 율독시 '일러무삼'으로 붙여 읽으라."고 하였다. 하지만 현대시조는 문법의 가르침을 무시할 수 없는 게 또한 현실이다.

현재도 율독시에는 '얽히고√설킨 고통'처럼 분리

해서 읽는 게 보편화 된 것이긴 해도 '얽히고설킨'은 하나의 낱말이다. 따라서 음수의 강제분할은 어렵다.

통영바다 저 한편에 만지도란 섬이 있다
뒤늦게 정착하여 만지(晩地)라 불렀건만
본뜻은 내버려둔 채 만져 달라 조른다

「만지도」 3수 중 첫 수

이 작품은 수사법 중 희언 법을 활용한 작품이다. "만시(晩地)는 고유명사이지만 우리말에 '손을 대어 더듬다'라는 의미의 '만지다'와 발음이 같으므로 이를 재밌게 표현하였다. 예를 들면 "인문주의(人文主義)를 "인문주의(人文注意)"처럼 전혀 다른 의미로 말을 꾸미는 것이다. 고시조에도 "찬비 맞았으니 얼어 잘까 하노라"라는 구절이 있는데 여기서 말하는 '찬비'는 기생이름 '한우(寒雨)'이다. '찬비'라는 뜻이므로 당연히 '얼어' 자야 한다. 그러나 실제는 사랑하는 연인과 함께하는 자리이니 뜨겁게 잘 것이라는 반어적 의미를 내포하고 있다.

이와 같은 희언법의 활용도 시적인 맛과 흥을 돋워 준다.

선운사 동백꽃은 임사랑 핏빛인가
심장을 솟구치는 붉디붉은 저 선혈이
'툭' 하고 고개 떨구니 목탁소리 잦아든다

사바세계 맺은 인연 아직도 덜지 못해
동박새 우는 밤은 뜬눈으로 지새우며
불심에 사연을 녹여 저민 가슴 씻어낸다

「선운사 동백꽃」 전문

'선운사' 하면 먼저 생각나는 게 서정주 시인이다.

"선운사 동백꽃을 보러 갔더니 -중략-

막걸릿집 여자의 육자배기 가락에 작년 것만 목이 쉬도록 남았다."는 구절이 생각난다.

추암 시인의 선운사 동백 역시 너무 애절하다. 첫 수 종장에서 '툭 떨어진다.'는 표현은 삶이란 특별한 게 아니라는 자연의 섭리를 이야기한 것 같지만 그 떨어지는 모습에서 '목탁소리'를 읽어 내는 심미안이야말로 부처의 가르침을 눈앞에서 발견해 내고 있는 것이다. 둘째 수 종장에서 '불심에 사연을 녹인다.'고 하였다. 화자는 이와 같은 자연의 섭리에서도 부처를 발견할 수 있는 능력자인 셈이다. '동박새'를 끌어들여 얽히고설킨 이승의 인연을 고심하는 화자의 심정이 잘 드러난 작품이다.

양볼을 맞으면서 울음 대신 흥을 내고
더 크게 때리라며 오히려 빰 내민다
이 한 몸 바스러져서 인간 기쁨 채우리라

일생을 맞고 사는 내 운명이 가엾다만
신명이 솟아나면 모든 사람 감동한다
덩더쿵 장단에 맞춰 양어깨를 들썩인다

동여맨 오랏줄이 더 세게 조일수록
소리는 더욱 깊이 온몸에 저려든다
한 서린 인간세상사 녹여내는 영물이다

맞고 또 맞는데도 반항한 적 아예 없고
아픔을 우려내어 소리로 승화한다
내 고통 인간을 위해 안으로만 삭인다

「장구」 전문

이 작품은 (사)한국시조협회에서 시행한 〈현원영 시조문학상〉 대상작이다.

네 수나 되는 장시이다. '장구'라는 사물을 통하여 우리의 모습을 대비시킨 훌륭한 작품이다.

첫 수에서는 '양볼' '빰' '이 한 몸'을, 둘째 수에서는 '일생' '양어깨'를, 셋째 수에서는 '오랏줄' '이 한 몸' '한 서린' 등으로, 넷째 수에서는 '반항' '아픔' '내 고통'과 같은 시어들로 의인화를 잘한 작품이다.

누가 읽더라도 인생의 한 단면을 그림 그리듯 보여주는 작품이다. 매를 맞으면 울어야 하나 화자는 오히려 인간을 위해 흥을 낸다고 하였다. oxymoron(모순어법)을 통하여 시적인 맛을 배가시키고 있다. '매 맞아도 기쁘다.' '오랏줄을 세게 조일수록 세상사를 녹여낸다.' '아픔을 승화시킨다.' 같은 표현들은 얼핏 모순된 표현 같지만 깊은 맛이 있다. 시적인 묘미가 더 배증되는 수사법이다. 이와 같은 수사법의 대표적인 것이 반어법과 역설법인데 추암 시인은 이미 이런 말을 자유자재로 부릴 수 있는 분임에 틀림없다. 이 글을 읽으면 "인간사랑" 때문에 십자가에 매달려 죽은 예수를 생각나게 만든다. 최고의 선은 역시 사랑이다. 나를 위해서 남이 나에게 해 주기를 바라지 말고 내가 남을 위해서 무엇을 할 것인가를 생각하고 행동하면 우리는 남과 다툴 일이 생길 수 없어 참 평화를 이루게 된다. 불가에서 말하는 자비 역시 이런 모습일 것이다.

독자는 장구를 통하여 사는 법을 배우리라는 확신을 갖는다. 이 장구는 누구일까?

이는 화자 자신일 것이며 봉사와 희생이 전제된 삶의 철학이 반영된 것이 틀림없다.

응달진 산기슭에 버려진 빈집 하나
살얼음 녹아드니 제비 와서 둥지 틀고
까치도 손님 온다며 떠난 주인 부른다

사립 앞 남새 텃밭 봄갈이를 기다려도
녹슬은 호미 괭이 잡는 이 하나 없네
빈집에 봄은 오건만 주인 없어 애달프다

「빈집에 봄이 오다」 전문

이 작품을 감상하노라면 필자 역시 어릴 적 살던 고향 모습을 떠올리지 않을 수 없다. 한 편의 풍경화를 보는 느낌이다. 화자는 상상력이 풍부하다. 메타인지(metacognition)는 상상력과 창의력이 뛰어난 사람일수록 강하다고 한다. 아마도 추암 시인 같은 분을 두고 이르는 말이 아닐까.

이 상상력이라는 것은 특히 시에서 필수적 요소이다. 예술성을 높여주는 주요한 요인 중 하나이다. 분명 봄이 되면 찾아오는 제비는 옛 주인을 그리워하고 있을 것이다. 아침마다 찾아와서 기쁜 소식을 전해주던 까치 역시 미물일망정 주인과 나눈 정(情)은 기억될 것이다. 그래서 손님으로 찾아간 화자를 보고 손님이 온다며 습관적으로 옛 주인을 부르고 있는지 모르겠다.

헛간에 걸려 있는 호미나 괭이는 할 일이 없어 하루하루 녹슬어 가며 주인의 정겨운 체온을 되새겨 보지만 소용없는 일일 뿐이다. 이런 집에 봄이 온다고 해도 진정 봄은 온 것이 아니다. 보다 나은 삶을 위해, 또는 자식의 장래를 위해 도시로 떠나는 일이 많았던 근대화 과정의 한 단면이다. 전에 시골에 가보면 정말 많은 집들이 폐허가 된 채 새 주인을 못 찾고 있었으나 다행히 요즘은 귀농 인구가 늘면서 다소 활력을 되찾는 편이다.

추암 시인은 이 작품을 통하여 우리에게 무슨 말을 하고 싶은 걸까?

단순히 허전함이나 쓸쓸함만을 얘기하는 것은 아니다. 왜냐하면 제비가 다시 오고 까치가 소식을 주고 봄이 다시 온다는 것은 희망이 있다는 얘기가 된다. 시인은 아무리 슬픈 환경이 되더라도 희망의 메시지를 전해야 한다. 이것은 시인이 글을 통하여 할 수 있는 사회적 책무이기 때문이다.

한 시절 화려함이 구름처럼 흘러가니
메마른 살점 되어 바람 따라 흩어진다
짓밟혀 바스러져도 새 움틀 날 있으리라

「낙엽」 전문

아이는 꿈 먹고 살며 노인은 추억을 먹고 산다는 말이 있다. 아이가 먹는 꿈은 아름다운 희망이다. 그러나 노인이 되면 추억을 되새기며 사는 게 낙일 수도 있다.

그러나 시인은 누구나 나이에 관계없이 희망을 먹고 산다. 누구나 한 시절이 있었다. 패기와 열망으로 가득한 날들이었겠지만 세월 따라 마음도 늙게 마련이다. 이 작품에서 화자는 '짓밟혀 바스러져도' 움틀 날을 기다리고 있다고 말한다. 논리적 사고로 보면 낙엽은 움틀 수 없다. 그러나 시인의 눈으로 보면 낙엽은 썩어 거름이 되어 움트는 새싹의 생명을 유지시켜 주는 역할을 하게 될 것이다.

일종의 메타언어(metalanguage)이다. 커다란 자연의 질서 안에서 낙엽은 새움이 트는 것과 그 맥을 같이 한다. 낙엽도 그냥 낙엽이 아니다. '메마른 살점'이 된다는 것은 남은 물기 한 방울마저 다 되돌려 주고 바람 따라 흩날리다 떨어지는 완전한 "비움"의 상태로 가는 낙엽이다. 우리는 "공수래공수거(空手來空手去)"란 말을 기억한다.

사람뿐 아니라 낙엽까지도 무(無)의 상태에서 유(有)가 되었다가 갈 때는 다시 무(無)의 상태로 돌아간다. 동물이나 식물이 과욕을 부려 자연의 질서를 깼다는 뉴스는 접한 적이 없다. 오직 인간만이 욕심으로 살다가 그 욕심으로 죽지만 결국 갈 때는 빈손이다. 이 대목에서 우리는 화자의 깊은 형이상학적 철학을 읽을 수 있고 또 불경에서 전하는 제법무아(諸法無我)나 제행무상(諸行無常)과 같은 윤회(輪廻)사상을 발견하게도 된다. 시인의 메시지는 세상 이치에 대한 철학적 사고관이다.

초장 중장에서 허무를 느끼게 만들다가 종장에 이르러 희망으로 전환시키는 솜씨가 훌륭하다.

솔바람 등에 업고 다산 초당 올라가면
세월은 이끼 되어 기왓장에 앉아 있고
학동들 글 읽는 소리 풀꽃으로 피어 있다

시성(詩聖)도 길러내고 다성(茶聖)도 길러내고
목민관이 가야 할 길 제대로 가르친 곳
고매한 다산의 학덕 만덕산에 가득하다

「다산초당」 첫째, 셋째 수

필자도 다산 초당을 몇 번 다녀온 기억이 있다. 정약용 어른의 심오한 애국정신과 애민정신이 싹튼 곳이기에 우리는 그곳을 방문할 때마다 옷깃을 여미지 않을 수 없다. 첫수 초장에 '솔바람 등에 업고' 중장에 '세월은 이끼 되어' 종장의 '학동들 글 읽는 소리가 풀꽃으로 핀다.'는 표현은 아름답기 그지없다. '소리'는 청각이고 '꽃"은 시각이다. 청각과 시각을 결합시킨 공감각적 표현이다.

학동의 글 읽는 소리는 미소만큼이나 순진하고 아름답다. 그래서 '풀꽃'을 인유하여 '소리'는 '꽃'으로 피어나게 만드는 시인의 솜씨는 범상치 않다.

둘째 수에서는 공직자가 지녀야 할 덕행을 말하고 있다. 한 사회가 건전해지고 나라가 태평성세를 누리려면 공직자가 올바른 마음으로 백성을 생각해야 한다. 동서양을 막론하고 역사가 이를 입증하고 있다. 로마제국이 2천 년이나 갈 수 있었던 것은 〈노블레스 오브리제〉 정신 때문이었다. 다산은 위대한 정치가요, 경제학자이며 사상가이다. 지금도 이런 다산의 정신을 이어받고자 여러 단체가 그를 연구하고 있음은 큰 축복이다. 고매한 그분의 학덕은 강진에 있는 만덕산뿐 아니라 나라 전체에 가득히 피어날 날이 오기를 기다려 본다.

휴전선 사이 두고 남북으로 갈린 산하

녹슬은 철조망에 원한 서린 영혼이여
분단된 서러운 조국 하나 될 날 언제인가

새들은 자유롭게 남북으로 오가는데
나는 야 어이하여 북녘땅을 못 밟는가
금강산 눈앞에 두고 이 발길을 되돌린다

「통일전망대에서」 전문

지금 화자는 "통일전망대"에서 가슴을 치며 피를 토하는 심정으로 북녘땅을 바라보고 있다. 한 세기가 다 되어가도록 형제의 가슴에 칼을 들이대는 그 아픔이야말로 하루속히 치유되어야 할 남과 북의 해묵은 과제이다. 녹슨 이념에 갇혀 언제까지 우리는 서로 헐뜯으며 살아야 하는지 시인은 통탄하고 있는 것이다. 만물의 영장이라는 인간이 어찌 철조망 하나 때문에 한 마리 새만도 못한 삶을 살아야 하는지 묻지 않을 수 없다.

천륜(天倫)이란 하늘의 인연으로 맺어 준 사회적, 혈연적 관계이다. 그럼에도 스스로 이 천륜을 어긴 채 이산의 아픔을 안고 그리움에 지쳐 죽어가야 하는 우리의 현실이 야속하고 부끄럽기까지 하다.

그리운 금강산을 눈앞에 두고 발길을 돌리며 시인은 통곡을 했을 것이다.

지난날 나도 한때 잘 나간 날 많았다오
만선의 꿈을 싣고 한 바다를 누볐다오
이제는 세월을 못 이겨 갯벌 위에 쉰다오

「폐어선」 첫 수

이 작품은 특이한 점이 눈에 띈다. 각 장의 후구가 "-다오"로 각운을 두어 운율을 배가 시키고 있다. 초장은 대개 중장을 위한 전제조건으로 문장이 짜이는 것이 일반적이지만 여기서는 삼장 모두가 '-다오'라는 서술어로 종결을 지어 얼핏 상호 간 관련 없는 문장의 나열 같아 보이나 의미는 그렇지 않다. 여기서 '폐어선'은 화자 자신이다.

젊었을 때 열심히 일하고 보상도 받고 존경도 받으며 잘 나갔지만 지금은 은퇴하여 유유자적(悠悠自適)하고 있는 자신을 말하는 것이다. 원 관념인 '자신'은 감추어 두고 보조관념만으로 엮어낸 대표적인 은유의 작품이다. 이런 은유야말로 흥이 나고 맛이 난다. 그러므로 예술성이 뛰어난 작품이라 할 만하다. 좋은 작품이다. 이런 작품은 가뭄에 단비 내리듯 독자에게 많은 행복을 줄 것이라 확신한다.

소리 없는 바람에도

한 줄기 사무치는
그리움을 울고 있다

못다 한 사랑이기에
더욱 가슴 시리다

「풍경소리」 전문

풍경소리는 언제 들어도 맑고 곱다. 청량감을 느낀다. 바람은 조용히 지나가고자 하나 풍경은 그리움에 젖어 울고 있다. 풍경이 우는 것은 바람 탓이 아니다. 사랑이 그리워서 스스로 우는 것이다. 왜 그럴까? 중장에 "한 줄기 사무치는 그리움을 울고 있다."는 대목에서 '그리움에' 운다고 하지 않고 '그리움을'이라는 목적격 조사를 사용하여 능동적으로 표현하고 있기 때문이며 그 기법도 상당히 돋보인다. 그래서 풍경은 "못 다한 사랑을 그리워하며 울고 있다."는 의미를 강조하기 위한 표현이라고 본다. 시인은 아직도 순진무구한 어린이처럼 마음이 여리고 순박하다. 못다 한 사랑을 그리워하면서.

Ⅲ.

이상 몇 편의 작품을 대상으로 추암(秋岩) 시인의 사상과 철학이 담긴 시세계를, 동양의 미항(美港) 통영에서 그 바닷길을 거닐며 음미해 보았다. 작품의 내용도 좋았지만 시조 정형성을 전혀 흩트려 놓지 않고 있는 시조 정신이 아름답다. 추암(秋岩) 시인의 이런 아름다운 노래들은 그분이 살아온 인생 경륜을 그 밑바탕에 깔고 있기도 하겠지만 글이 아름답다는 것은 그만큼 그 인품이 훌륭하기 때문이라고 생각한다.

볼테르는 "시는 영혼의 노래"라고 했다. 영혼이 맑고 고우면 노래(시조) 역시 곱고 아름답지 않을 수 없다. 글은 화자의 마음에서 나오는 향기이기 때문이다.

작품의 특징은 프랑스 시인 발레가 말한 대로 "포에지 퓌르(Poe`sie pure)", 즉 순수하게 감동을 불러일으키는 서정적 요소들로 된 작품들이다. 그래서 더 아름답고 친밀감을 갖게 만든다.

앞으로도 정형을 잘 유지한 좋은 작품을 많이 생산하셔서 시조 계에 큰 별이 되시기를 진심으로 바라마지 않는다. 다시 한번 시조집 상재를 축하드린다.

작가 연보 강 기 재(姜基宰)

- 수필가 / 시조시인 / 아호(雅號) : 추암(秋岩)

1944년 10. 5. : 경상남도 통영시 한산면 추봉도 (337-1번지) 출생
(음 8월10일. 부, 강병무. 모, 박장선. 1남3여 중 장남)
1957. 3. : 한산초등학교 졸업(25회)
1960. 3. : 한산중학교 졸업(구7회)
1963. 2. : 통영상업고등학교(현 동원고) 졸업(11회)
1975. 2. : 한국방송통신대학 경영학과 졸업(전문2회)
1985. 2. : 한국방송통신대학교 경영학과 졸업(학사1회)
1992. 2. : 경남대학교 경영대학원 최고경영자과정 수료

1965. 3. - 1967. 9. : 육군복무. 육군하사 전역(제1106 야전공병단 복무)
1967. 11. - 1974. 6. : 해군군무원(4급) - 진해해군교재창 근무
1971. 12. 18: : 김부금(金富今)과 결혼. 2녀1남(연주(連珠), 은주(銀珠), 성훈(性勳)) 출생

<농협경력>

1974. 7. - 1982. 2. : 농협중앙회(농협은행)통영시지부 근무
1982. 3. - 1989. 2. : 통영시관내 산양, 통영, 한산, 도산, 광도농협 상무
1989. 3. - 2002. 12. : 통영시관내 광도, 산양, 도산, 통영농협 전무(정년퇴임)
2006. 3. - 2018. 2. : 통영농협 이사
2015. 2. 24. - 2015. 3. 11. : 통영농협조합장 직무대행

<통영문화원 경력>

2002. 12. - 2014. 11. : 통영문화원 이사

2011. 11. - 2015. 11. : 통영문화원 향토사연구소 연구원
2014. 11. - 2017. 12. : 통영문화원 부원장

〈자영업 경력〉

2003. 10. 1. : 참나라건강원 운영개시
2004. 7. - 2006. 8. : 한국추출가공식품업중앙회 통영시지부장
2006. 1. : 통영지역 추출가공업 발전기여 표창. 통영지역회원일동
2006. 3. 10. : 한국추출가공업 중앙회장 표창. 중앙회장 신영철
2009. 2. 25. : 한국추출가공업 경남지회장 표창. 경남지회장 김종운
2017. 11. 17. : 참나라건강원 폐업(14년2개월 운영)

〈일반사회 표창〉 - 공로 및 감사패(장)

1970. 12. 31. : 국가산업발전기여 노동청장 이승택
1979. 1. 23. : 농협업적 신장기여 농협경남도지회장
1986. 5. 17. : 한국방송통신대학교 충무지역동창회창립 충무지역동창회원 일동
1987. 3. 9. : 조합발전유공(종합청사 및 선착장 준공) 한산농협장 김한배
1987. 3. 14. : 한산면 농어민후계자회 발전기여 한산면 농어민후계자 회원일동
1987. 8. 15. : 농협 및 지역사회발전기여 농협중앙회장 윤근환
1988. 12. 31. : 농어촌 복지향상과 농정발전기여 농림수산부장관 김식
1990. 12. 28. : 경영개선연구 우수상 농협경남도지회장 심규보
1993. 11. 20. : 재농협통영상고협우회 발전 유공 재농협협우회원 일동
1995. 7. 19. : 모교발전 및 장학사업기여 통영상업고등학교장 김덕재
1996. 5. 1. : 조합발전유공 산양조합장 조계동
1996. 5. 1. : 산양읍 새마을부녀회 발전기여 산양읍 부녀회장 유형순
1996. 12. 26. : 통영시 농업경영인회 발전기여 통영시 연합회장 서태동
1997. 12. 13. : 경남대경영동우회 발전기여 통영시 동우회원 일동
1998. 4. 19. : 한산중학교 총동창회 발전기여 총동창회장 조성구
2000. 1. 21. : 협동조합간 협동증진유공 고성군관내 농협조합장 일동
2002. 12. 21. : 지역농협 및 농업농촌발전기여 재농협 통영상고협우회원일동
2002. 12. 21. : 지역농협 및 농업농촌발전기여 통영시관내 농협전상무회

2002. 12. 21. : 통영지역 농협 농촌발전기여 통영시관내 농협조합장 일동
2002. 12. 21. : 통영지역 농업 농촌발전기여 통영시농엽경영인회장 황철진
2002. 12. 21. : 조합원 복지증진과 농협발전기여 통영농협조합원 일동
2002. 12. 21. : 농협육성과 지역사회 발전기여 농협중앙회장 정대근
2002. 12. 21. : 농협육성과 농업농촌 발전기여 농협통영시 지부장 김성수
2002. 12. 21. : 통영농협 발전 및 직원화합도모 통영농협직원 일동
2004. 10. 3. : 방송통신대학 및 경남학생회 발전기여 경남지역대학장 김종진
2007. 12. 11. : 추봉연도교 및 추봉일주도로 준공기여 추봉도주민 일동
2010. 1. 8. : 통영제일고(통영상고) 총동창회발전기여 총동창회회원 일동
2012. 10. 19. : 경찰행정 발전기여 통영경찰서장 추문규
2013. 12. 31. : 지역사회 발전기여 통영시장 김동진
2018. 2. 27. : 조합발전 및 조합원 복지증진기여 통영농협장 황철진
2020. 1. 19. : 통영지역 정가(시조창) 발전기여 한국정가회 통영지부회원일동

〈일반사회 경력〉

1984. 4. - 1992. 3. : 재농협통영상고 협우회장
1985. 5. - 1986. 4. : 한국방송통신대학 통영지역동문회장
1992. 1. - 2017. 1. : 결혼식 주례 73회 시행
1994. 2. 14. : 일본어 능력고시 3급 합격(일본국제교류기금 시행)
1995. 4. - 1997. 3. : 한산중학교 총동창회장
1996. 1. - 2009. 12. : 통영상업고등학교 총동창회 감사
2002. 4. - 2004. 3. : 진주강씨 통영종친회 회장
2002. 11. 15. : 제승당 충무공 이순신 추계향사 아헌관 제례봉행
2003. 1. - 2004. 2. : (재)제승당영구보존회 사무국장
2003. 10. 20. : 한산도 제승당 충무공 이순신 추계향사 집례
2003. 3. - 2008. 4. : 추봉도발전협의회 회장
2004. 3. - 2008. 2. : 한산면체육회 고문
2004. 5. - 2014. 4. : (재)제승당영구보존회 이사
2004. 10. 25. : 한산도 제승당 충무공 이순신 추계향사 집례
2006. 11. - 2010. 10. : 통영경찰서 명예시민경찰
2012. 5. 17. : 통영노인대학 특강(노인과 건강)

2013. 1. - 2021. 9. 현재 :(재)통영충렬사 사원
2018. 2. - 2021. 9. 현재 : 통영시 인재육성기금 운용심의위원
2018. 10. 4. : 통영노인대학 특강(노인의 삶의자세)
2019. 2. - 2021. 9. 현재 : 통영시 남북교류 협력위원회위원
2019. 5. 9. : 통영노인대학 특강(100세시대 노인의 삶)
2019. 9. 17. : 통영충렬사 충무공 이순신 추계향사 아헌관 제례봉행
2021. 1. 29. - 1. 31. : 고 박윤식 선생 한산면민장 장례위원장
2021. 2. - 2021. 9. 현재 : 통영시의회의원 공무국외출장 심의위원회 위원(장)

〈문단경력〉

2001. 1. - 2004. 12. : 수향수필문학회 회장(17대,18대)
2003. 1. - : 월간 『수필문학』 추천완료 등단
2007. 1. - 2009. 12. : 한국문인협회 통영(통영문인협회장)지부장
2007. 1. - 2008. 12. : 경남문인협회이사
2007. 12. - 2008. 12. : 하동군 토지문학제 추진위원
2008. 12. - 2021. 9. 현재 : 한국수필문학가협회 이사
2009. 10. 15. : 수필집 『도다리 쑥국』 발간(교음사)
2011. 1. - 2017. 12. : 통영예총 감사
2011. 9. - 2015. 9. : 물목문학회 회장(6대,7대)
2013. 7. 13. : 낙동강문학 시조신인상
2017. 3. - 2021. 9. 현재 : 수필문학추천작가회 이사
2018. 1. - 2021. 8. : 통영시 문학상운영위원
2018. 1. - 2021년 9. 현재 : 한국예총 통영지회(통영예총) 회장
2018. 11. 20. : 수필집 『양철 도시락』 발간(교음사)
2021. 5. - 2021. 9. 현재 : 통영시조회 회장
2021. 6. - 2021. 9. 현재 : 한국시조협회 통영지부장
2021. 9. 30. : 시조집 『효자손』 발간(교음사)

〈문화예술관련 표창〉

2009. 4. 4. : 통영문협 발전기여 한국문협 통영지부장 강수성
2010. 10. 1. : 지역사회 문화예술 발전기여 통영시장 김동진

2012. 8. 22. : 한산면지 편찬 편집 집필유공 면지편찬위원장 박윤식
2015. 9. 17. : 예술문화발전 및 사회공헌 한국예총회장 하철경
2017. 9. : 전국시조경창대회 평시조부 장원 마산대회장 서상수
2018. 6. 26 : 통영시지 편찬 집필유공 통영시장 김동진
2019. 5. 14 : 제29회 수필문학상 한국수필문학가협회회장 오경자
2019. 10. : 전국시조경창대회 사설시조부 장원 거제대회장 김재언
2020. 12.29. : 제30회 경남예술인상 경남예총회장 조보현
2021. 3. 5. : 제1회 현원영시조문학상 대상 한국시조협회 회장 박헌오
2021. 9. 5. : 전국시조경창대회 지름시조부 장원 거제대회장 김재언

〈문화예술 활동사항〉

1992. 9. : 한산면지 편찬위원
2002. 11. 24. : 『수향수필』 전국지역문학동인지 콘테스트 은상수상
2002. 12. - 2017. 12. : 통영문화원 이사, 부원장
2003. 4. - 2005. 3. : 통영연합신문 편집위원
2003. 6. - 2003. 7. : 통영연합신문 6.25기획특집 거제도 추봉도 용초도 포로수 용소 (13회) 연재
2007. 9. 20. : 추봉연도교 준공기념 자작시 〈추봉도〉 시비건립
2007. 10. : 자랑스런 통영인상 선발심사위원(장)
2007. 12. 29. : 청마유치환 친일논란 토론회 개최(해양과학대)
2008. 3. : 청마탄생 100주년기념 깃발축제위원
2008. 3. 31. - 4. 1. : 고설엽 서우승 시조시인 통영문인협회장 장례위원장
2008. 5. 5. - 5. 9. : 소설가 고 박경리 선생 통영시민장 장례부위원장
2008. 8. 9. - 8. 10. : 한국수필문학가협회 하계세미나 통영유치 및 행사주관
2008. 9. : 통영시 문화상 심사위원회 위원(장)
2008. 5. 24. - 5. 27. : 통영문화원과 일본 히가시오우미시 문화교류 일본방문
2009. 7. : 제1회 통영문학제 개최 추진위원
2010. 3. - 2012. 6. : 한산면지(개정 증보판) 편집, 집필, 교정위원
2011. 5. 22. : 한산중학교 개교60주년기념비 및 유공자(5인)공덕비 문안작성
2016. 12. - 2018. 6. : 통영시지 편찬위원 및 집필위원
2018. 1. - 2021. 9. 현재 : 송천 박명용 통영예술인상 운영위원장

2018. 8. 11. : 한산대첩기념 제4회통영정가회 시조창공연주관(제승당)

2019. 5. 3. : '한산대첩교 염원' 자작시 발표(한산면 진두 한산일주도로 개통식장에서 시낭송가 박정숙 부산향인 낭송)

2019. 6. 26. : 통영예총 사무실 이전 개관식 거행
(남망산 시민문화회관 → 항남동 성광빌딩 4층)

2019. 8. 12. : 한산대첩기념 제5회통영정가회 시조창공연주관(제승당)

2019. 9. 30. : 고성 전국시조경창대회 통영정가회합창부 3위 입상

2019. 10. 12. : 한산면 비진리 박종문선생 송덕비 문안작성

2020. 8. - 2021. 9. 현재 : 통영시립박물관 운영위원회위원

2020. 8. - 2021. 9. 현재 : 통영국제음악재단 임원추천위원회위원

2020. 9. 15. : 통영시 문화상 심사위원회 위원(장)

2020. 10. 20. : 통영정가회 제6회 시조창정기공연 주관(고성 율대리)

2021. 6. 4. : 고 이한우 화백 통영예술인장 장례위원장

〈수술기록〉

1994. 10. 15. : 허리디스크(5-6번) / 우리들병원(부산)

2007. 5. 23. : 치질 / 세계로병원(통영)

2009. 9. 11. : 맹장 /새통영병원(통영)

2009. 12. 12. : 대장종양(2개)제거 / 새통영병원(통영)

2010. 12. 17. : 방광암 및 전립선비대증 / 자이병원(서울)

2011. 12. 20. : 귀(우측) / 삼성병원(서울)

2012. 9. 6. : 간암(간40%절단) / 아산병원(서울)

2013. 11. 18. : 대장종양(4개)제거 / 새통영병원(통영)

2015. 5. 12. : 대장종양(2개)제거 / 새통영병원(통영)

2020. 4. 13. : 위암(위50%절단) / 아산병원(서울)

강기재 시조집
효자손

2021년 9월 25일 초판 인쇄
2021년 9월 30일 초판 발행

지은이 / 강기재
발행인 / 강병욱

발행처 / 도서출판 교음사

03147 서울 종로구 삼일대로 457 수운회관 1308호
Tel (02) 737-7081, 739-7879(Fax)
e-mail / gyoeum@daum.net

등록 / 제2007-000052호

* 잘못된 책은 바꾸어 드립니다. 값 10,000 원

ISBN 978-89-7814-835-1 03810